신춘기독공보 동인시집 **구름 위의 돌베개** 제18집

광야의 고독

남금희 최용호 조수일 이철건 김 휼
사영숙 함국환 김윤희 윤주영 고경자

창조문예사

초대시

소금쟁이

박이도

수면水面은 투명透明한 대리석大理石
조심스레 내려앉은 구름과
밀어대는 실바람에
두둥실 소금쟁이가 등장한다
가벼이, 날렵하게 춤추는
물 위의 춤꾼
수면에 미끄럼을 지치다가
돌연 허공을 훌쩍 넘어뛰는 곡예사
수초 사이로 숨바꼭질하는 신기神技
실바람 꽃바람 원무곡圓舞曲에 맞춰
빙글빙글 원무를 그리는
소금쟁이.

1962년 《한국일보》 신춘문예로 등단. 경희대학교 교수 역임, 창조문예 편집주간 역임. 시집 『회상의 숲』, 『불꽃놀이』, 『자연학습』 등 다수.

초대시

갈대밭

임만호

갈대밭 초록 잎
가을바람에
갈색 옷 갈아입으면
석양 서늘한 바람 따라
철새들 찾아들어
지졸대다 해가 기울고
강물도 가을이다
서늘 서늘 흐르다
갈대밭에 찾아든 새들도
강물도 함께 잠이 든다

1991년 《한국시》로 등단. 성천문학상 · 한국기독교문화예술대상 수상. 크리스챤서적 · 창조문예사 대표. 시집 『달팽이는 두 뿔로 꿈을 꾼다』.

발간사

"어머! 어떻게 이런 일이!" 하며 우리 생각을 뛰어넘는 놀라운 일들을 일생 동안 얼마나 겪어 보셨나요? 이 경이로움을 느끼게 한 것에 감사하고, 한편으로 어떤 일은 내게 일어나지 않아서 천만다행이라고 안도하는 어리석은 이기심을 때로 부끄러워하면서 또 한 해를 마무리하는 지점 가까이 와 있네요.

"바쁘다! 바빠!"를 주문같이 되뇌이며 하루, 일주일, 한 달을 보내니 거의 1년이 다 되어 갑니다. 1년 365일을 어찌 웃고, 즐겁고, 보람 있는 일로만 채웠겠어요? 저마다 발 딛고 있는 곳에서 주어진 소임을 다하며 틈틈이 마음을 다해 '시어詩語'를 낚아 사량思量하여 품고 다듬기를 반복하여 내어주신 동인 시인들의 애씀이 눈에 선합니다.

누구나 편히 기댈 수 있는 아름다운 언덕이 되어 주길 바란다는 선배 동인 시인의 격려를 듣고 심장 고동이 마구 뛰었습니다. 선배 동인 시인의 소망대로 우리 동인들의 시들을 통해 누군가의 아프고 불안하고 억눌린 마음이 자유로울 수 있기를 기도하게 되네요. 나아가 동인들과 함께할 수 있는 동지로 발전하면 더 좋겠다는 욕심도 내어 봅니다.

　선물 받은 연보라색 들꽃 수가 놓아져 있는 하얀 사각 면포를 펴 놓고 이 글을 씁니다. 들꽃과 하얀 면포, 수실과 바늘, 수놓은 이, 박음질하는 이, 선물을 하는 이, 선물을 받은 이 중 어느 것 하나 가벼이 보이지 않습니다. 단아함, 감사함, 정성, 꾸준함, 연결……. 이 모두 함께 연결된 의미를 깨달으며 또 한 발 내디뎌 봅니다.

　동인 시인들이 각지에 흩어져 있는 한계에도 불구하고 정성을 내 주신 동인들 덕분에 기독 신춘 동인지를 올해도 발간하게 되었습니다. 언제나 저희 시작時作의 버팀목이 되어 주시는 박이도 교수님과 임만호 장로님께 감사드립니다.

2024년 11월
회장 사영숙

차례

초대시
    소금쟁이_ 박이도 • 2
    갈대밭_ 임만호 • 3

발간사 _ 사영숙 • 4

✳ 남금희 • 9
    시중時中 • 통한의 예레미야 • 상천하지의 줄
    푸바오 이별 • 백로白露

✳ 최용호 • 19
    아기처럼 웃었다 • 망덕望德 해변 • 가죽 손가방
    나무에게 • 늦가을 볕

✳ 조수일 • 29
    그믐처럼 켜 있었다 • 사각지대 • 무화과 껍질을 벗기며
    밤길을 걷다 • 시래기

✳ 이철건 • 41

　저녁 강가에서 • 위험한 여름 • 그 장미로부터의 연상
　그에게로 가는 길 • 촛불의 추억

✳ 김　홀 • 53

　침묵의 음표 • 그늘 수호기 • 프로크루스테스 침대 쇼핑몰
　어둠 외전 • 나비(נביא)

✳ 사영숙 • 65

　결심 • 부끄러움 • 거울을 보며 • 그런가 봐 • 바다로 가자

✳ 함국환 • 73

　　금강초롱 • 무의도 굴 사랑 • 설악 공룡능선
　　북한산성 십삼성문 • 역고드름

✳ 김윤희 • 85

　　몽골의 초원 • 가을 단풍 • 광야의 고독
　　지나온 시간이 편하지만 1 • 남향집에 살고파

✳ 윤주영 • 97

　　부활절 팡파르 • 할머니의 시절 • 추석 전야
　　8 · 15 구국성회에서 • 가을날 기도

✳ 고경자 • 105

　　달의 계곡 • 아이드미라두키 • 흉터 • 봄의 무도곡
　　손톱 그리고 손톱 깎기

편집후기 • 117

남금희

대구동일교회 집사. 《문학세계》(1996) 등단. 《기독공보》 신춘문예(2000) 제1회 시 당선. 《창조문예》(2004)로 재등단. 대구문화재단 창작기금 수혜(2020). 시집 『구름의 박물관』(2020, 만인사) 외 3권. 논문집 『현대문학과 기독교 세계관』(2023, 한국학술정보).

시중時中
통한의 예레미야
상천하지의 줄
푸바오 이별
백로白露

시중時中 외 4편
― 신발에 떨다

남금희

신발장을 여니
구두가 빼곡하다

신혼에서 이순 너머까지
이력이 쌓인 것들
꺼낸다, 신지도 못한
분홍 하이힐과 표범 무늬 뾰족구두
아기 꽃신 보듯 정겹다

이제는 하마 코처럼 뭉툭한
운동화 몇 켤레만
남기고… 발을 잊어야 하는데

구두 매장 앞을 지날 때면
한참 멈춰 선다
슬며시 발도 밀어 넣어 본다
가슴지느러미가 파르르 떨린다

저물도록
이 구두 저 구두를 들었다 놓았다 한다
반짝이던 꿈의 물비늘
허공에 풀어 보낸다

통한의 예레미야

세상의 방법으로는 세상 이길 수 없어
예레미야, 진흙탕 수렁에 갇혀 우는
마음이 불붙는 것 같아서

끌려가라 하네, 염병에 걸리고 칼에 맞아
죽을 자는 죽으라 하네
시온 성벽은 뚫려, 무너져, 불타버린 폐허
칼이 뒤쫓아오는데

자식을 던져 불사르고
돌과 나무에 비는 황소 같은 고집을
내버려 두라 하네, 사로잡혀
망하라 하네

그러나 불구덩이 속 죽은 어미 품 안에서
꿈틀대는 아기마냥
영혼의 눈을 떠, 죽어야 사는 길

말도 안 되는 말씀을 들으라 하네

꿈꾸는 예레미야, 조롱거리야
북받치는 마음에 새겨둔
남은 자를 그리며
새벽 먼 땅을 하염없이 가네

* 예레미야 20:7-8(새번역 RNKSV)
　주님, 주님께서 나를 속이셨으므로, 내가 주님께 속았습니다. 주님께서는 나보다 더 강하셔서 나를 이기셨으므로, 내가 조롱거리가 되니, 사람들이 날마다 나를 조롱합니다.

상천하지의 줄

나를 지명하신 줄 어찌 알았겠습니까
우리 오빠 남영동 대공분실 전등 불빛 아래
막냇삼촌 서대문형무소 벽돌담 햇살에
빨갱이 이념전쟁, 실향민 곁에 계신 줄
몰랐나이다, 말 못 하는 미아들 뒤에
밤하늘 오로라처럼
괭이갈매기 울음처럼
멀리 가까이 계신 줄

딸은 찢기고 아들은 칼을 잡고
타오르는 화염, 갈라지는 땅, 끓는 바다
악어 떼 같은 잡신들 다스리는 줄
뉘우치나이다, 피투성이 역사의 아수라
한탄하며 지키는 줄
어머니의 눈물을 깨우는 줄

날아가는 인생

벼랑 끝

이제 와 손들어

붙드나이다

* 이사야 43:1
　내가 너를 구속하였고 내가 너를 지명하여 불렀나니 너는 내 것이라

남금희

푸바오 이별

울음은 두고 가렴, 푸바오
네 본적 고향으로
실려 가는 마음 말이야
누운 몸 세워 앉던 의젓한 모습
한참 막내, 젖동생 같아

검은 눈우물엔 맑은 근심 아홉 가지
허나 모른 척 굼뜨게 굼뜨게
대나무 밭으로 걸어가렴
답답한 일이야 사는 게 그렇다지만
마구 뒹굴며 화내지 말고
유채꽃 향기에 코를 박으렴

발 도장 꾸욱 찍는, 처진 어깨
천 번 기다림의 무게를
너는 그네 타듯 흔들려보는 거야
이별이란 그렇게
물결치는 세상을 건너보는 거야

백로白露

고추 농사 지어
세 집에 부치고 나니
여름이 다 갔다

평상에 누워 허리 펴면
성큼 파아란 하늘
마당을 물들인다

배롱나무 꽃분홍 끌어당겨
홑이불 덮는다

이슬 내리면
귀뚜라미도 울겠다

최용호

전남 나주 출생. 중앙대학교 경영학과 졸업. 영산포중앙교회 장로. 《기독신춘문예》와 《조선문학》으로 등단. 시집 『디베랴 바닷가로 가고 싶다』, 『사막에 온 멸치』, 『별을 바라봅시다요』 등.

아기처럼 웃었다
망덕望德 해변
가죽 손가방
나무에게
늦가을 볕

아기처럼 웃었다 외 4편

최용호

탓하지 않고
내가 살았다

산골에도
섬에서도 살았다

바다 건너 찾아온 친구는
"황소 같은 사람아"라고 떠났지만
아기처럼 웃었다

온전한 것이
어디 있겠느냐마는
가난은 정직하다

밀려오고 스쳤지만
갯벌처럼 남아있어
흔적이 되었다

돌아다보니

아득한 들판에

하얀 그 샛길은 깊고 바람 소리 은은하다

망덕望德 해변

두꺼비가 울었다는 섬진강에
지리산 산그림자는 깊어지고
남해로 들어서는 해변

섬을 앞두고
나룻배가 댓잎배처럼 떠 있다

오가는 사람을
노 저어 건네주는 뱃사공은 말이 없고

해변은
망향望鄕과 귀향歸鄕이 교차하고 있었다

눈빛으로만 만난 사람
어디선가 나이 들었을 거고

망덕이란 이름 불러보면

서러운 갯바람이
코끝을 스친다

가죽 손가방

딸애가 사준 손가방 들고
한참 먼 예배당 간다

돌아오는 길에
갈색 성경 손가방을
놓고 온 일이 있었는데

광야 어딘가에
나를 홀로 떨치고* 온 것처럼
밤새 잠을 설쳤다

옛날 어느 민족에게
법궤가 있었듯이

손가방은 무엇처럼 낡았지만
소중하고 가볍지 않다

내 곁에 있어
다듬잇돌마냥 마음이 놓인다

아루먹**은 따스하고
새벽은 잠들어 있고
동네 길은 한갓지다

* 떨어뜨리고의 방언
** 아랫목의 방언

나무에게

길가에 앉았다가
갈 곳 없어
나무에게 간다

나무는 어디 갈 수가 없어
그리워할 뿐
기다리며 산다

사람들은
누구나
갈 곳이 없을 때가 오나 보다

나무 앞에 서서
표피를 어루만지는 것을
보면

해름참* 그림자는 스러지고

봉창에 한둘 등불은 켜지고

그 누가
흘린 눈물인가
해쓱한 손이 젖는다

* 해거름의 방언

늦가을 볕

기다리지 않아도 은근히 찾아온다

서둘지 않아도 느닷없이 떠나간다

이별을 앞둔 정색한 연인 같다

햇살 고인 뒤안의 숨은 정열 같은 것

늦가을 볕은
아리고 쓸쓸하고 높다

매미는 애타게 가을을 울어 댄다
누군가 따라 하고 있다

조수일

전남 나주 출생. 전남대학교 문헌정보학과 졸업. 광주남문교회 권사. 2017년 《열린시학》 등단. 제3회 《기독공보》 신춘문예 수상. 제1회 송수권문학상 신인상, 제5회 김명배문학상 작품상 수상. 제25회 수주문학상 대상 수상(2023), 128회 한국해양문학상 대상 수상(2024). 시집 『모과를 지나는 구름의 시간』(2022, 시산맥) 등.

그믐처럼 켜 있었다
사각지대
무화과 껍질을 벗기며
밤길을 걷다
시래기

그믐처럼 켜 있었다 외 4편

조수일

1.

어눌함은 다 소진되었다고 생각했다.

2.

낱자 사이의 행간을 읽는 일은 무시로 서러워지는 당신을 읽는 일 같아서 빈번히 따끔거렸다.

3.

하필 그 대목에서 목이 메었다. 누구에게나 어둠은 있어 더러 뒤척이는 쓰라림이기도 하련만, 그 즈음 비켜갈 수 없는 필연처럼 자모음은 말이 되어 나오질 않는 묵비였다. 어쩌면 영영 얼어붙을,

4.

파르르, 사시나무의 심장을 꺼내 피에로와 맞바꾸고 싶은 시간은 더디고 느렸다. 기교를 모르는 공허한 나이를 셈하다가, 그믐처럼 구겨져 자다, 구겨진 혼외자처럼

멀뚱거리다가

5.

 웅덩이 물처럼 오래 잠겨 있었다. 가만히 앓다, 붉은 변명을 찾아 두리번거리다 날짜변경선을 끌어당겼다. 밤새 켜 둔 나를 이제는 소등해야 할 시간, 물기 어린 새벽처럼 기다렸다. 아가리 큰 파도가 덮쳐와 수심 깊은 병치의 시간을 덮어 주기를, 어눌과 좁아터진 소심 사이 어쩔 수 없는 문득, 그리운 흰 민무늬의 시간은 저기 더디고 굼뜨게 오고 있는지

6.

 속수무책 자생력 없는 태생, 이라는 목줄을 만지작거린다. 어쩌면 불멸일,

사각지대

빗변과 빗변이 만나 이루는 각일까요

이윽고 모서리가 태어나는 산술의 방식일까요
구석이 생겨나는 내포와
접힌다는 외연이 만나 이루는 生의 이면 같아
새의 부리처럼 톡톡, 여지는 손가락인 걸요

사각, 오각, 육각은 땅따먹기일까요
차수 많은 방정식 같아 손사래 쳐지는,
꼬여 드는 날파리거나 손가락 찌르면 곧장 잠입을 허락하는 두부모 같아
피식, 웃음도 나는 걸요

빛 아래를 걸어본 기억이 까무룩 해요

어쩌면 난 사각의 파생어인지도 몰라요
음지에서 더 생글거려지는 이끼류의 습생이 주를 이루

니까요

  가로막아도 범람하거나 확장을 일삼는
  꼬나물거나 소용 잃은 다리를 훅, 털어내는 일렁이는
그림자들은
  사각사각, 사각을 먹고 자라는
  음지 식물일까요

  더는 몰락할 일 없는 손닿지 않는 구석 같은
  어깨를 부추겨 빛 아래로 전도양양할
  얼굴 없는 당신과 나,
  우리일 테니까요

무화과 껍질을 벗기며

농익어 말랑해진 몸
감출 마음도 없다는 듯
술술 자신을 내어주고 말았어
이건 비밀인데
꽃도 피우지 못하고 그만 수태를 해버렸대
커다란 잎사귀 아래 알몸을 숨기고 앉았더래

나도 동족이었는지 몰라
세상의 맨 처음 표정처럼
한껏 물이 올라 낭창이던 시절이었어
아침이면 안개가 올라와 지면을 적시곤 하던
비손 강과 유브라데 강이 흐르는 동산이었어
먹음직한 그것에 홀려 그만 혀를 대고 말았지
그 후 눈이 열리고
손바닥만 한 이파리를 엮어 수치를 가렸어
그 풀잎 치마가 내 태초의 의상이었어

또르르, 볕에 말리던
억울한 내 허물이 겹겹이 포개지는 동안
빗나간 예언처럼
온 세상 고요 속의 당신 뒷모습이 보였지
키 큰 그늘만 골라 앉던 기억이 나
입구도 없는 숨길에 꽃을 숨기던 시절
나의 보호막이었을 껍질을 벗기며
자꾸만 아랫도리로 눈이 가는 저녁이었어

밤길을 걷다

골목을 꺾어들자

확, 달려드는 서치라이트!
잘 분사되어 쏟아져 내리는 빛줄기에 미간이 접힌다

멀거니 서서 마음을 다잡는 사이
다시
좌악, 자막처럼 촘촘히 읽고 스러지는 등대 빛줄기!!

너무 오래 데리고 살아온
들켜버린 내 안의 헛뿌리들이
깜깜한 심해 속으로
지금, 숨어들고 있어요

왜 늙은 패잔병마냥 어깻죽지 굽어지는지 모를 일이에요
발밑 어둠만 보암직하게 보여 오는지도 잘 모르겠어요

또르르 말린 낙엽이 품어 키우던 애벌레를 기억해요
가만가만 숨죽이며 파르라니 실눈 뜨던,
그 경이로운 통증을 기억해요

조금만 더 갈앉아 볼래요
발끝에 바닥이 잡히거든
노루처럼 쓰러졌다
노루처럼 일어나 볼게요

그때가 이르거든 이글거리는 제단의 숯불 하나
심장을 향해 던져주세요

  황황히 선 채 어둔 도심, 어둔 심장을 향해 우람한 크레인 불빛은
  여전히 조준 중이다

시래기

궁색한 그림자를 나만 몰랐다
바람 잘 치는 처마 끝을 표류했다
주름 깊은 몸속으로 쉼 없이 바람은 불어와
푸른 낯빛을 건들고 갔다
싱싱했던 시간들이 덩달아 비틀거렸다
사립문은 잡초가 돋아나도록 열릴 줄 몰랐고
진눈깨비가 들이칠 때마다
옹색해진 심기에 살얼음이 끼어들었다
조각난 볕이 툇마루에 그물맥 무늬를 새길 즈음에야
방문이 열렸다 닫힐 뿐
인기척 없는 집안은 적막한 무인도였다
흙먼지 묻은 발가락으로
키재기하며 놀던 유년은
더는 만져지지 않는 꿈의 호황기였을까
종잇장처럼 매달린 몸이
끼룩끼룩 울음을 쏟아내고 있다
딱딱한 시선이 고정된 문 틈새

쿨럭거릴 때마다 형광 불빛은 어룽진 밤바다처럼
그림자를 키웠다 줄이곤 했다
바짝 마른 내가 호명되고
쿨럭쿨럭, 한 시절 긴 그림자를 끌어온
세상이 고요히 소등된다
오늘을 골몰한 쓸쓸함처럼,

이철건

제4회 《기독공보》 신춘문예 시 부문 당선. 2013년 《시문학》으로 등단. 시집 『내 마음의 철길』, eBook 시집 『내 마음의 아프리카』 등. 새벽이슬교회 집사.

저녁 강가에서
위험한 여름
그 장미로부터의 연상
그에게로 가는 길
촛불의 추억

저녁 강가에서 외 4편

이철건

휘어진 삶이 단조 음을 낼 때
강가로 나간다

다리의 불빛 아름답고
닳지 않은 시절의 이야기
물가에 반딧불로 반짝이는데

강 건너 저쪽은 그리던 곳이 아니다
강 건너 저쪽은 영혼이 없는 작은 뉴욕이다

둑 마을의 달은 야위어가고
골목길은 전립선염을 앓고 있다
둑 마을의 속울음은 하수구를 통해
강으로 흘러들고 있다

내일은 낮은 촉수의 불빛
생계의 근심은

잠을 갉아먹는 또 하나의 바이러스

저만치서
목이 슬픈 왜가리들 어기적거리고

꼬리 긴 전동차가 물가 상향곡선 같은 언덕길을
바둥거리며 올라가고 있다

위험한 여름

들끓는 여름이다

북극곰 아저씨는 무사할까

불어난 빙하 녹은 물 그가 사는 반지하 방도
발끝까지 침식된 난간이다

밤마다 그는 허우적대는 꿈을 꾸고

일회용 컵이 휴지통에 넘쳐나는 놀이공원에서 그는
가쁜 숨을 쉰다

별이 없는 밤을 살아가는
홀로 키운 그의 아들은
어디로 가는 것일까

그의 피에로 웃음 뒤에

삭이지 못한 속울음은 멍이 되고

메아리 없는 기다림

이미 허구만은 아닌 것들

시간의 백미러에
찡그리고 있는 지구의 얼굴이 보인다

그 장미로부터의 연상

원고를 철하던 핀에
내 손가락이 찔린다

장미가 피어난다

라이너 마리아 릴케여
이 시대에 그대처럼 난
작별이 아름다울 수 없을 것 같다

인정할 수 없는 트로피의 베레모가
아픔으로 그린 내 목판화에 날 못 박는다
자주 그런 악몽을 꾼다

언젠가 나도
버릴 것 죄 버린 후에
바다가 보이는 펜션에서 비가를 쓸 것이다
그것들은 또

한갓되이 묻혀버릴지 모르지만

기다릴 것이다
죽음 같은 어둠의 끝까지 기다릴 것이다

아몬드꽃 향기의 새 아침을

그에게로 가는 길

그 길은 빙 둘러 가는 에움길이었다

가깝고 쉬운 길은 늘 잘못된 길이었다

가시에 찔리는 아픔이거나
길이 보이지 않는 길 위의 죽음 같은 적막 속에서
가까스로 우회로를 찾아내곤 했다

날마다 마음에 말씀을 수놓아 그의 모습을 떠올리고
그의 발자취를 따라간다

저녁의 눈물이 영롱한 이슬이 되어
머리맡을 적시는 아침

그러나 그의 나라에 들어가기 전에
건너야 할 위험한 강이 있다

스스로가 자꾸만 작아지는데

세상보다 큰 믿음을 갖게 하소서
지치지 않는 새 힘을 주소서

촛불의 추억

반짝이는 강으로 흐르고 있다

우리가 스페인을 지나 포르투갈에
들어섰을 때

아이들이 성모 마리아를 만난 곳
태양의 기적이 일어난 곳

거기 파티마 성당에서
다양한 종족의 사람들과 드린 촛불 미사

언덕의 성지로 가는
긴 촛불의 행진

성지의 의식을 원으로 둘러싼 겹겹의 촛불

그리고 자카란다 나무에

보랏빛 촛불을 켠 하느님

그 기억들이 필름 돌아가는 소리를 내며
반짝이는 강으로 흐르고 있다

김 휼

본명 김형미. 전남 장성 출생. (현) 광주 송정제일교회 부목사. 《기독공보》 신춘문예, 《열린시학》으로 등단. 목포문학상 본상, 열린시학상 수상. 시집 『그곳엔 두 개의 달이 있었다』, 『너의 밤으로 갈까』, 사진 시집 『말에서 멀어지는 순간』 등.

침묵의 음표
그늘 수호기
프로크루스테스 침대 쇼핑몰
어둠 외전
나비(נביא)

침묵의 음표 외 4편

김 휼

그 문이 닫히자 난 빈 들이 되었다

도무지 향방을 모르겠는 들에서
세미한 소리가 있는 곳을 향해 걸어갔다
어둡고 거친 골짜기
협곡을 지나 안으로 들어갈수록
경계를 감싼 고요는 단단해져 있었다
언제나 있어 한 번도 없었던 대면 앞에
오래 세워둔 나는 조금씩 허물어지고
낮달 하나 덩그러니 걸린 사막이 보였다
사막의 무늬는 바람의 독백이었나,
바람 따라 부드럽게 움직이는 입술
한 계절 넌출히 흘렀을 무성한 말들이
입술을 건너 고요 속에 묻힌다
모래바람 지나간 길의 갈래마다
침묵의 관을 쓰고 묵상에 드는 광야
내 속의 소란을 다 비워야

담을 수 있는 말이 거기 있었다
들리지 않은 노래를 들을 수 있었다
어디선가 흘러나오는 마두금 선율에
사막을 걷던 낙타 무릎은 방향을 돌리고
생각의 줄기에 매달린 음들이
헝클어진 매듭을 풀어놓는다

온음의 말씀이 빈 들을 채운다

그늘 수호기

들물이 오랑캐처럼 범람하던 들녘
거기, 늠름한 그늘을 거느린 노병들이 있다

흰 뼈를 드러낸 채 계절을 지키는 거목들이 있다

어느 늦은 여름 쓸쓸한 푸조나무를 찾은 나는 그 그늘에서 걷기도 하고 머물기도 하고 시름을 달래는 이들을 보았다 뿌리의 힘 하나 믿고 수많은 계절을 건너온 그는 어느새 벼린 햇살 파고드는 허공의 틈을 다 메우고 있었다

어깨를 겯듯 뿌리를 맞잡고 휘어지는 날들은 강물처럼 흘러갔다

한 평 그늘을 늘리는데 푸른 생을 바친 노병들

그늘에도 색이 있다면 중심은 여전히 검은색을 면치 못할 것이다

남도의 들을 잇는 관방제림에는
  느티나무 푸조나무 팽나무로 서 있는 노병들이 있다
후대에 물려줄 그늘을 지키려
  휜 허리로 하루를 서 있는 역전의 용사들이 있다

  파란만장한 행로가 자랑이 된 거목들이 있다

* 담양군 담양읍 남산리에 있는 수해 방지 방제림

프로크루스테스 침대 쇼핑몰

여기, 가볍게 눌러주면 살아나는 욕망 있습니다

궁리를 잡아 늘이기 좋은 겨울밤
이 밤은 적당하게 어둡고, 길고, 의뭉하고,
길게 누워 책략을 키우기 좋은 침대가 필요한 밤이죠

서핑 걸의 발걸음이 대양의 언저리를 한 바퀴 도는 동안
마음이 어긋난 지점에 각을 세우고
거기, 끓어오르는 소문을 부으면 견고한 주물은 완성됩니다

차고 넘치는 꼬리뼈는 잘라주고 모자라면 잡아 늘리는
이 침대의 방식은 언제나 과학적이죠

잘려나갈 뼈들을 위해 잠시 아이스 브레이크 타임을 가져봅니다

감칠맛은 삐져나온 혓바닥이 최고, 툭툭 불거진 것들의 귀퉁이를 잘라 오븐에 넣고 돌려주어요 팡, 팡, 상처가 터지는 동안 심심하면 어둠의 난간에 걸친 각선미 하나 잘라먹고 그래도 아침이 오지 않으면 새벽의 울대를 잘라 회를 떠 보세요 원하신다면 퍼플빛 악몽을 끼워드립니다

　피 묻은 잠을 씻고 열일하는 쇼호스트

　작업을 이제 마무리할 시간입니다
　섬세한 바늘을 가진 햇살이 거친 모서리는 마감할 거예요

　포장지는 알록달록 꽃무늬가 좋겠죠?

어둠 외전

한 겹 어둠을 덧댑니다
꿈틀거리는 정체가 드러나려면
아직 몇 겹의 어둠이 더 필요합니다
숨겨진 가시를 찾기 위해
깊은 밤의 몸으로 스며듭니다
어둠이 어둡지 않을 때까지
그래서 이 방을 나갈 때까지
물결을 잡아끄는 달처럼
나를 이끌어가는 당신의 지혜는
언제나 흑암의 주기를 통과하는군요
어둠이 지지 않는 이 방에서
쓰지만 따뜻한 고배를 마시며
뿌리 깊은 애착의 무늬를 헤아립니다
어둠은 근심이 자라는 구덩이
깊어질수록 가지들은 무성해지지요
빽빽하게 우거진 어둠에 휩싸여
사라진 나를 견디다 보면

겨드랑이에서 날개가 나올 것도 같은데
지금은 고요한 능동의 시간,
격자무늬 고통이 침묵으로 차오르면
저 문고리에 손을 얹어 볼까 해요

나비 (נָבִיא)

> 내가 다시는 여호와를 선포하지 아니하며
> 그의 이름으로 말하지 아니하리라 하면 나의 마음이 불붙는 것 같아서
> 골수에 사무치니 답답하여 견딜 수 없나이다*

나비는 히브리 말로 선지자랍니다

옛날, 날개 없이 접어야 하는 마음을 갖고 살았던
눈물의 나비가 있었습니다

죽어야만 빛나는 이름을 가진 그는
마르지 않는 눈물을 일생 양식으로 삼았습니다

빈 마음으로 천둥 같은 음성을 받아들던 밤 이후
눈이 있어도 보지 못하는 이들 대신
망대와 요새가 되어 놀랍고 기이한 일들을 봐야 했습니다

세상 모든 물로 바다를 채울 수 없듯이
세상 모든 것으로도 욕망을 채울 수 없었으므로
터진 웅덩이마다 가득한 탄식

나비처럼 멋모르고 나비의 길에 뛰어들었던 그는
공의와 사랑 사이로 이는 감정의 파고에 허우적거렸습니다

여름이 다하였으나
누구도 나비의 길로 돌아오지 않고
사람에게서는 더 이상 사람을 볼 수 없게 되었으므로

멸망의 밤으로 오는 수레바퀴 소리를 들어야 했습니다

가장 어두운 곳에서 빛나던 별빛
그것은 풀무 속을 지나온 나비의 눈물이라는 것을 알게 되었습니다

날개를 접고 나비가 멀리 날아간 후에

* 예레미야 20장 9절

사영숙

《기독공보》 신춘문예 시 부문 대상. 시집 『종이학』(2009) 등.

결심
부끄러움
거울을 보며
그런가 봐
바다로 가자

결심 외 4편

사영숙

이별을 이별하리라
차마 못다 한 뉘우침 따위로
손 끝자락에 남은 미온을 잊지 않으리
오히려 물기 마른 눈에 새겨두리라

떠나 오가며 우연히 마주칠
수많은 그와 그녀들
머지않아 그가 되고 그녀가 될
운명인 것을

그때 그 시절
다하지 못했던 마음일랑
철드는 지금 이대로
다짐으로 되새김하리라

어쩌다 불현듯 일렁거릴
이별을 이별하지 않겠다고

책장에 올려놓은
오랜 흑백 사진
기꺼이 건밤으로 올려보며

부끄러움

아름다운 삶 앞에서
몸도
마음도
생각도
멈칫멈칫 멈칫한다

낮은 목소리
녹록하지 않은 삶들이
쿵! 쿵!
여운이 메아리로
잔잔하게 퍼져가
쿠우웅 쿠우웅

거울을 보며

장미를 감싸주는
안개꽃 무리 가운데
하나의 꽃망울이었을지라도
충만할 수 있었던 마음 결이
거울을 본다

장미가 되고 싶어!
장미가 되고 싶다고!
외침 가운데
숨기고 있던 가시들이
주름지고
시들해지고 있다

다행이다

그런가 봐

아름다운 사람일수록
별이 되는 건가 봐

별들이 올라가
앉은 하늘이
무거운가 봐

그래서
'별똥별'이 이따금
내리는 건가 봐

바다로 가자

빛나는 것을 닮고 싶으면
그윽하고 어두운 때를 골라
바다로 가자

바다로 쏟아져 내려온
별들의 잔치

굴렁굴렁 파도의 춤사위
때 맞춰 크렁거리는 장단으로

고요의 적막을 깨고
깊은 호흡으로
그립고 그리웠던
별들의 이름을 불러보자

함국환

경기도 포천 송우리 출생. 인천 주안장로교회 집사. 2009년 《기독공보》 제10회 기독신춘문예로 등단. 제2회 김장생문학상 시 부문 금상. 인천문예대전 아동문학 부문 동화 1등. 항공문학상 시 부문 우수상. 시집 『질주』로 인천문화재단 출판지원금 수혜.

금강초롱

무의도 굴 사랑

설악 공룡능선

북한산성 십삼성문

역고드름

금강초롱 외 4편

함국환

땅속 모든 소리 들으려고
피어 귀를 기울인다
낙엽 으깨지는, 부엽토 사그러드는
나무 잔뿌리 숨 쉬는
잔뿌리가 배불리 먹고 내뱉는 헛기침
머릿결 같은 잔뿌리 빗어주며
스며드는 물

매미 날갯짓, 곤줄박이 노래하는
벼랑 아래 까악 까악
능선 위에 휘파람새
나무 찍어대는 딱따구리 딱딱딱

금강초롱 꽃 속으로

땀 흘리는 모든 사람들이
평안해지는 보라색 꽃 보며

어제까지 들었던 귀를 닫는다

금강초롱 피려나 올여름에 또 피려나!
산길에 종이 울린다.

무의도 굴 사랑

굴 따 먹으러 가요
멀리 갈 필요 있을까
공항 방면으로 가면
외국 가는 줄 알겠지만
친숙한 우리의 인천
춤추는 무희 닮은 섬
무의도로 들어가 보세

하나개 환상의길 끝에도
실미도 들어가면 오른쪽
소무의도 넘어가면 왼쪽
해 뜰 땐 팔미도 보이는 곳
친구와 일출 사진 찍고
해 질 땐 실미해변 하트바위
연인과 사랑할 수 있는 곳

어느 코스로 가든

바위에 다닥다닥 붙은 굴
돌멩이로라도 쳐서
바닷물에 스윽 슥 헹궈
두세 번 먹어 보더라고
가족 간 평화가 오고
친구들 돈독한 정 쌓여

굴 따 먹으러 가요
멀리 갈 필요 있을까
춤추는 무희 닮은 섬
생굴을 빨아먹으러
무의도로 들어가 보세
물때를 못 맞추거든
소풍 길 같은 해변 걷고

굴부침개 사 먹어보세
굴부침개 사 먹어보세.

설악 공룡능선

5월 바람은 참 맛있다
각시붓꽃에 눈 맞추며
어여쁜 앵초를 가슴에 담고
사랑스러운 얼레지에 입 맞추고
바람의 맛을 느끼며 걷다 보면
하늘로 솟아오른 촛대 있는 곳에서
그녀를 만나게 되리
솜다리 솜다리 에델바이스여
뒤돌아보니 공룡의 등이 펼쳐지는 암반에
언제부터 있었는가
해마다 웃어줄 수 있는가
나는 너에게 지나간 사람 중 하나일지라도
너를 본 건 삶의 큰 선물이려니
내려가려 서두르지 않겠노라
그러면 그대와 빨리 멀어지느니!

북한산성 십삼성문

1. 대서문을 열지 않고는 한 발짝도 들어올 수 없느니
   태양도 비껴가며 곁눈질하는구나

2. 중성문이 무너지면 견디기 어려우니
   성안에 문 있고 문 안쪽에 님 있도다

3. 가사당암문에서 비밀스런 왕래가 시작되었으니
   성 밖 숨소리가 들어오기 시작한다

4. 부왕동암문은 왕세자의 비밀 통로인가
   의상팔봉암문 사이에 숨겨졌구나

5. 청수동암문에서 보이는 산은
   푸르고 푸르니 백성들의 마음이랴

6. 대남문 남녘으로 보이는 한양성은
   주군의 것인가 백성의 것인가

7. 대성문에 올라 한 번 더 내려보니
   민족의 성운이 아리수에 있는가

8. 보국문 열고 슬며시 내려가서
   나라를 보할까 보배를 얻을까

9. 대동문아 사방으로 너의 핏줄이
   발길 따라 뿌리처럼 뻗어있구나

   동장대에 올라 온 산을 둘러보니
   가히 지킬 만한 곳이로다

10. 산성 미리 쌓아 용암문으로 왕이 숨어들었다면
    남한산성의 수모는 면하였으리

11. 백운봉암문을 위문으로 부르게 된 건
    백운대를 지키지 못한 일국의 조롱이던가

12. 북문은 동떨어져 큰 대 자를 뺐으나
    이중문으로 굳건히 마음을 지켰도다

13. 서암문으로 빠져나갔던
    시신들의 영혼은 웃었던 날 몇 날일까

십삼성문 품고 있는 동장대의 혼잣말이
북한산성 휘도는 바람결에 들려온다
수문으로 들어오는 자는 적군뿐이라고
아군들이여 십삼성문 성곽을 돌며
민족의 활과 I.T를 보겠는가!

역고드름

하늘에서 흘리는 눈물
그동안 누가 알았을까
기슭이 온통 얼어붙는 날
들판에 흰 세마포 펼치어
땅의 어두움 가리울 때

떨어지던 한 방울 한 방울
고이 받아 쌓아 올리는 한 숨 한 숨
들릴 듯 들릴 듯 그 숨소리
천장까지 올리면 하늘에 들릴까
살을 에는 북풍 바람 불 때

땅에 퍼져 스며든 내 눈물보다
하늘에선 더
야곱아! 이스라엘아!
너의 마음 식어 얼려져도
내가 너를 기억하노라

하늘과 땅이 연결되리라

주님이시여
이 마음이 올라가고 있나이까?

김윤희

대구 한마음교회 권사. 《기독공보》 신춘문예 시 부문 수상.
《경북일보》 문학대전 수상. 대구문인협회, 문학예술 회원.
시집 『호수에 잠긴 언어』 『들풀의 언어』 『별이 빛나는 광야』.

몽골의 초원
가을 단풍
광야의 고독
지나온 시간이 편하지만 1
남향집에 살고파

몽골의 초원 외 4편

김윤희

끝없는 초원
낮으마한 산등선으로 나무 한 그릇 없이
마른 땅에 빽빽한 풀잎들이 버티고 있는데
양 무리들 그 풀들을 먹고 있다

끝자락 없는 파란 하늘에 흰 구름 각종 그림 그리면
지우개 바람 신나게 장단 치고 있다
하늘과 햇볕과 초원과 바람 경기장에 외로운 바위들은
찢기고 터진 자태로 버티고 있다
얼마나 많은 세월의 탯줄이 끊어져서 살아온
이 초원의 아우성을 누가 듣고 있을까

저 깊은 마른 땅속에는 생명의 열정이 솟아나고 있고
힘차게 달려오는 말굽 소리 함성이
한때 세계를 정복한 영웅이 잠들어 있다

외길 바람 마른 길 걷다가 바위에 앉아 쉬고 있고

다시 돌아가는 저 저녁노을은
회중전등처럼 내 발밑을 비춘다

나는 내 것일 수 없는 저 쏟아지는 별 하나
간직할 수 없는 외로움 두르고 서 있다

가을 단풍

이별의 육신을 벗어내면서도
화려하게 미소 짓는 것은
하늘을 바라보고 단단하게 살아온 것은
품은 소망 때문일 거야

너를 만날 때마다 나는 작아지고
길가에 떨어진 부끄러움 없는 열정을
남기고 갈 수 있는 것은
비운 마음 때문일 거야

너를 보면 작아지는 나는
무언가 되고 싶던 시절은 모두
세월의 등 뒤로 물러가고
강물같이 꼬물거리는 아쉬운 이별이
긴 꼬리처럼 머물거린다

제 몸 벗어버린 육신으로

비어 갈수록 채워지는 회생의 소망으로
마지막 태우는 열정을
나는 닮고 싶다

광야의 고독

외로움이란
별이 쏟아지는 광야 홀로 서 있는 자리
달빛 그림자 길게 수놓은 자리
어디서 찾아온 바람 옷자락 당겨주는 자리
이슬이 땅 축축이 적셔 오면서
풀잎 방울방울 은방울 달아주는 자리

광야는 홀로 있을 때
그대 음성이 들리고
그대 모습 보이는 광야는
가득 찬 어둠 텅텅 비우는 자리
비우고 비워야 만날 수 있는 자리

가끔
세상 빛 환하게 눈부실 때
가장자리 그대 보이지 않을 때
슬프고 힘들어 주저앉아 있을 때

그분은 가장 밑바닥에서 나를 보고 계셨네

이 광야에 그대가 보이는 곳
오 주님
내가 이곳에 있나이다

지나온 시간이 편하지만 1

균형 갖춘 옷을 입고 외출하고 오면
헐렁한 헌 옷을 바꾸어 입는다
온몸이 편해진다

새 신발보다 낡은 신발이 정겹다
내 발에 잘 맞춰져서 편하다
내 삶이 그렇다
새로운 길보다 지난 온 길이 정들고 편하다
익숙한 관계에서 붕어빵처럼 찍힌
시간의 틀 안이 편하다

낯선 시간 처음 보는 어색함
세대 문화의 두려움
변화의 도전은
수십 장의 나뭇잎이 몸 뒤척일 때마다
푸른 돛배로 바뀌는 비밀을 안고

추억도 아득하면 등불이라고
마음의 불을 켜고
불편한 시간으로 걸어간다
저 기억 건너편
등불 향해

남향집에 살고파

집 안이 어두워 형광등 켜고 사는 집
햇볕이 들어오지 않아 낮에 금싸라기 같은 빛
겨울에는 햇볕 난방이 되지 않아서
뽀뽀기로 겹쳐 안고 있는 창문
햇살은 늘 빗겨 가기만 한다
담쟁이덩굴이 가벼운 빛에 기대여 허공으로 올라가는 듯
자작나무가 빛을 향해 하늘로 올라가는 듯

햇볕이
커다란 창문으로 자유롭게 넘나들고
난방은 그의 위력으로 따뜻하게 데워지고
커다란 창문으로 달빛 자유롭게 들어와서 쉬다가 가는 곳
소낙비가 돛단배로 지나가는 듯
바람이 거칠게 지나가며 나뭇잎 함성이 들리고
겨울에 쏟아지는 눈송이 창문에 달라붙어 노크하는 소리

찾아다니지 않아도 찾아오고
보이지 않아도 찾아오는 친구들
그들과 마주하고
그리고
그들과 함께 어울리고 싶다

윤주영

충남 아산 출생. 서울 응암교회(예장통합) 장로. 2004년 월간 《창조문예》 등단. 2012년 《기독공보》 신춘문예 당선. 2023년 한국예술인복지재단창작기금 수혜. 2024년 제1회 운강문학상 수상. 시집 『햇볕은 노을 너머 저녁 배를 타고』, 『나의 시간에 무엇을 담아 보낼까』, 『비둘기가 남기고 간 시詩』 외 공저 다수.

부활절 팡파르

할머니의 시절

추석 전야

8·15 구국성회에서

가을날 기도

부활절 팡파르 외 4편

윤주영

부활절 이른 새벽
순백의 목련이 찬연燦然히 피었습니다
무덤 속 죽음을 이기신 주님
승리의 팡파르입니다

새벽 공기도 신선하고
새소리도 맑은
막혔던 세상이 뻥 뚫린
부활절 새벽입니다

예배당 종소리가
울려 퍼지는 새벽녘
주님의 팡파르도
세상 모두에게 울려 퍼집니다

주님의 손과 발 못 박은 자리에
우리의 마음속

믿음의 뿌리가 깊이 내리고
흘리신 붉은 피는
세상 많은 사람들에게
세상을 이긴
사랑의 꽃으로 피어납니다

할머니의 시절

해마다 겨울은 껌딱지처럼
끈적끈적했다
이른 봄이 평온을 찾았나 하면
그 위로 덮치는 겨울 파도

꽃샘추위도
이젠 다 지났나 보다

하이얀 드레스에
벚꽃 부케가 겨울의 커튼을 열고
아침 볕을 밟고 나타났다

고와라, 눈부셔라!
지난겨울보다 더 허리가 굽은
꽃모종을 하시던 할머니
할아버지의 모자를 바로 씌어 주시며
우리도

저렇게 아름다운 시절이 있었지

할머니의 흐린 눈빛 속에서도 그날이
금빛처럼
반짝이고 있었다

추석 전야

추석은 문 앞에 와 서 있어도
아버지 목소리는 들리지 않고
형님 목소리도

이젠 집안에서 내 목소리만
제일 큰 목소리가 되었다

까치가 지저귀어도
비둘기 날개가 햇볕에 빤짝여도
알밤이 영글고 대추가 물들었어도
전날처럼 아름답지 않다

가솔들 모여들어도
지난 비에 떠내려가고 남은
개천가에 노랑꽃처럼
노을에 젖는다

8·15 구국성회에서

태극기는 자주 보지만
흔든다는 것은 바람이나 하는 짓이고
더더욱 만세는 불러 본 지
수십 년도 넘었다

식장에서 국기가 게양될 때
눈물이 흐르고
애국가 4절을 부를 때
까먹어 더듬더듬해도
목이 메는 것은 웬일일까

가을날 기도

가을바람이
나뭇잎 헤치고 오는 소리도 곱다

극성스럽던 무더위는
지난 비에 씻겨 가고
담장 밑에 가을꽃 몇 송이
해맑게 웃고 있다

가을바람에
곡식들도 살이 오르고
햇대추도 곱게 물들었다

사랑하는 나의 고운 새여!
이 가을, 나는
부상을 입은 당신의 가냘픈 다리가
새 바람에 새 힘을 입고
걷고 뛰고 훨훨 날기를
기도한다

고경자

2011년 《시와사람》 등단. 2017년 《나래시조》 등단. 2018년 《아동문예》 등단. 2015년, 2018년, 2020년 광주문화재단 창작지원금 수혜. 2021년 아르코 「코로나19, 예술로」 기록 선정. 2022년, 2023년 아르코 발표지원금 수혜. 시집 《하이에나의 식사법》 외 3권, 시조집 『고요를 저울질하다』.

달의 계곡
아이드미라두키
흉터
봄의 무도곡
손톱 그리고 손톱 깎기

달의 계곡 외 4편

고경자

이곳이었다
꿈에서 본,
지금 내가 착륙해서 살고 있는

일 년 동안 눈물이 메말랐다
비처럼 내리지 않는 눈물은
어디에서 머뭇거리고 있을까

당혹스러웠던 첫날
이것은 일시적인 현상이라고 여겼다
누구나 겪어야 할 고비사막처럼

사전 예고 없이 멈춰버린 시곗바늘처럼
아무것도 느껴지지 않는 꿈속에서는

한 발자국 내밀면 바스러질 것 같은
질량의 감촉으로 문장들이 헐거워졌다

웃고 우는 것은 표정의 차이야

감정의 불일치로 햇볕과 빗방울이
서로 나오기를 머뭇거리며

매번 떨어지는 것은
피어나기 직전의 떨림 같은
파동으로 잔무늬를 새기고
떠도는 바람들이 돌의 뼈를 깎는다

떠다니는 입자들이 너무 미세해서
알아보기 힘든 말들이 돌의 뼛속에 박힌다

아이드미라두키*
― 열매 달 이레

언제부터인가 내 나이를 잊어버린 엄마가
나이를 자꾸 묻습니다

내 나이의 엄마가 초를 꽂고
내가 촛불을 끄자
케이크를 잘라 접시 위에 나눠줍니다

내년에는 생크림 케이크 대신 아이스크림 케이크를
자르고 싶다고 하자
내년은 오지 않는 아빠와 같다고 말합니다

너는 머리부터가 아니라 발부터 먼저 나왔어
그래서인지 남들보다 일찍 서고 일찍 걸었어

아직 어둠에 낯선 나이라 쉽게 잠들 수 없어
내가 살아있음을 느낄 수 있는 빛이 필요합니다
촛불이 하나씩 꺼지고 다시 하나씩 살아납니다

생일은 오늘 오는 것 같지만
내일 오는 것처럼 설레기 때문에
커다란 택배 상자에 담아 선물로 보냅니다

냄비 속에 미역국이 끓어오릅니다
상현달이 보름달로 차오르는 할머니의 손맛입니다

* 아랍어로 생일이라는 뜻

흉터

한자리에 백일홍처럼 피어난 꽃이었다
더 이상 자라지 않는 마음처럼

꿰매도 처음으로 되돌아갈 수 없는 지평선의 흔적이었다

이십 년이 지나고도 잊히지 않는 아픔이
손으로만 확인할 수 있는 그 자리에서 그림이 되었다

때로는 몽돌처럼 부딪치고 닳아져 사라져도 좋았을
그래서 흔적만으로 짐작할 수 있는 이름처럼

희미해진 시간의 눈을 밟으며
햇볕에 사르르 녹았으면 하는

바다는 백색의 소용돌이다
파도 소리를 심장에 묻고 있어서 더 서글프다

행운을 가져오는 별똥별도
우주에서 버려진 행성으로 떠돌다
지구로 떨어지는 운명의 화살이 아닐까

바벨탑을 짓다 벽돌이 되어버린 사람들
새로운 언어는 흉터를 가지고 태어난다

흉터를 가진 것들은
높은 계단을 스스로 만들면서 살아간다

봄의 무도곡

설렘은 어떤 계절의 첫말일까요
잠을 잊고 써 내려간 봄의 이력서에는

상상력으로 지은 집이 오늘도 푸른 그림자를 끌며 손님을 기다립니다 잠시 쉬었다 갈 휴양지 같은 집에는 중정이 있고 중정에는 자작나무가 구름 속을 들여다보다가 빗방울을 훔쳐내기도 합니다

어제 내리다 그친 눈은 마침표를 흘리듯 쓰고 강풍과 건조주의보로 타오르는 화염을 온몸으로 진화한 빗줄기가 하루 종일 내렸습니다 세상은 잠시 소강상태일 뿐 더 큰 반란을 숨겨두고 있지요

베란다에는 구름을 벗어난 물방울들이 매달려 있어요

누군가 버린 대본에는 말랑한 속도와 내간체의 한숨이 홍매로 피어오르고 있습니다 세상은 봄을 기다리는 고양

이처럼 갸르릉거리고

　이제 막 고요를 뚫고 나온 새싹들은 후회를 모르는 초록의 진술만 가득한데

　높이와 속도를 가진 것들은
　놀이동산에서 바이킹을 타고 벚꽃 향기에 소리를 지릅니다
　빛나는 방법을 알고 있지요

　숨을 몰아쉬는 계절에는
　꽃과 잎들의 짧은 입맞춤으로 초록빛 대사가 쏟아져 나와
　봄에는 사랑을 배워야지 다짐을 약속으로 바꾸고 싶은

손톱 그리고 손톱 깎기

달의 창문은 밤에 잘라야 동화가 됩니다

손톱을 잘 자른 첫날은 기분이 반듯합니다
넘치는 것이 없으니까요

무료한 하늘에 떠오른 낮달처럼 긴 손톱은 아무 의미가 없지요
어디서 태어나는지 모르는 바이러스가 증식하는 시대니까요

반들거리는 손톱입니다
빈혈이라고 말합니다
세로결이 나 있네요
빈혈입니다

오후에 갓 태어난 고양이가
발톱으로 찢어 공허한 시간을 찾아냈어요

어제 나는 누군가의 시간을 잘라서 붙였고

당신의 의자가 깊은 늪에 빠져 있습니다
초록색 잔디 위로 끌어올립니다

내 얼굴이 지워집니다
이것도 빈혈입니다

손톱이 자라나는 새벽에 맞춰
뼈에서 만들어진 혈액이
심장을 따라 빠르게 돌아도
빈혈은 숨 가쁘게 흐릅니다
손톱을 깎은 밤에는 반듯한 기분으로 노래를 부릅니다

부족한 빨강이 밤새 노래집니다

손톱을 자르고 나온 달은

먼 행성에서 가져온 노란 피를 수혈받는 중입니다

다음에 손톱을 잘라야 하는 날은
은하계를 떠돌던 별똥별처럼
빨간 우편함 속에 느닷없이 찾아옵니다

당신의 의자가 깊은 늪에 빠져 있습니다

 편집후기

우리가 감사함으로 그 앞에 나아가며 시를 지어
즐거이 그를 노래하자 (시편 95편 2절)

우연하게 기독신춘문예 응모라는 기사를 봤을 때의 일입니다. 이미 다른 계간지에서 등단을 했지만 마음이 끌렸습니다. 상금 때문인지 아니면 이 정도면 나도 가능하겠다는 자만심인지 모르지만 응모를 했습니다. 결과는 가작으로 약간 실망을 했지만 심사평을 읽어 보니 그럴 만도 했다 얼른 수긍이 갔습니다. 지금도 그렇지만 전에는 나름 주제를 가지고 쓴다고 했는데 그런 것들이 잘 읽히지 않았나 봅니다. 시작은 비슷하게 했지만 나보다 더 좋은 글을 쓰는 사람들이 더 많이 있습니다. 나보다 더 치열하게 글을 쓰고 문장을 고르고 하는 노력들이 작품으로 표현되겠지요.

원고를 제출하신 회원들의 숫자가 조금 줄어 아쉽다는

생각이 듭니다. 우리 동인들이 전국적으로 흩어져 있다 보니 만날 수 있는 기회가 일 년에 정기 합평회, 동인지 출판기념회 정도뿐입니다. 하지만 하나님께서 주신 자기의 달란트대로 씨를 뿌리고 열매를 맺는다면 풍성한 수확이 될 것이라 생각합니다.

내년에는 더 풍성한 수확으로 동인지가 만들어졌으면 하는 바람을 가져 봅니다.

고경자

신춘기독공보 동인시집 구름 위의 돌베개 제18집

광야의 고독

초판 발행일 2024년 11월 29일

지은이 사영숙 외 9인
펴낸이 임만호
펴낸곳 창조문예사
등 록 제16-2770호(2002. 7. 23)
주 소 서울 강남구 선릉로 112길 36(삼성동) 창조빌딩 3F(우: 06097)
전 화 02) 544-3468~9
F A X 02) 511-3920
E-mail holybooks@naver.com

ISBN 979-11-91797-62-6 04810
      978-89-94211-29-9 (세트)
정 가 10,000원

※ 잘못된 책은 바꾸어 드립니다.